MALENCONTRE

LAURENCE BIBERFELD

Collection Faction
Sous la direction de Clémentine Thiébault

Les Éditions In8 ont reçu le soutien de la région Nouvelle Aquitaine et de la DRAC.

ISBN : 978-2-36224-143-7
Parution : septembre 2022

EDITIONS IN8

MALENCONTRE

LAURENCE BIBERFELD

FACTION

1 - Anne Espalion

Franchement, j'adore mon métier. Tout ce qui me rattache à l'existence, c'est de l'exercer. Dit comme ça, ça paraît outré, ridiculement tragique. C'est pourtant la vérité. Il y a eu des moments dans ma vie où je suis passée très près de me détruire. À quoi ça servait de vivre ? Je n'en avais aucune idée. J'étais autrefois une petite fille obèse et bornée. Je ne parlais pas parce que personne ne me parlait, ni chez moi, ni à l'école. Je faisais partie de ces enfants qui meublent les classes, qui ne posent guère de problème, si ce n'est celui de leur niveau catastrophique. Mais enfin ils ne sont pas perturbateurs, ils ne rendent pas fous les enseignants. Leur idiotie est trop légère pour être considérée comme un handicap. Ils ont le don de disparaître, on ne se rappelle jamais leur visage. Pas de faits marquants. C'est vrai partout. Il faut savoir créer l'attachement pour qu'on se soucie de votre sort. Moi je n'ai pas été secourue parce que j'étais une petite fille terne, grosse, inintéressante. Mon père, je ne l'ai pas connu. Ma mère était dépressive, je parle d'elle au passé parce qu'elle n'est plus de ce monde. Au début nous étions seules toutes les deux, et puis Vivien est arrivé. Vivien en fait il s'appelait Richard mais ça ne lui plaisait pas, il avait toujours été pauvre comme Job et ne tenait pas à ce que son prénom lui rappelle tout le temps ce qu'il aurait pu être s'il était né dans une autre famille. Vivien il ne connaissait pas la signification, sinon je pense que ça l'aurait un peu vexé. Les Viviens sont casaniers et routiniers, alors que les Richards sont forts et durs. Je ne sais pas s'il était fort, mais dur certainement. Et casanier au point de préférer me prendre comme amoureuse de secours, alors que j'étais toute petite et laide, que sortir à l'aventure par temps de pluie. Ma mère ne se rendait compte de rien, c'était notre secret, à Vivien et moi. Il me disait que ça l'aurait tuée, qu'elle n'aurait pas compris. Moi non plus je ne comprenais pas, mais je faisais semblant, et je mangeais du matin au soir. J'ai dépassé les quatre-vingts kilos à dix ans. Ça m'allait d'être cette baleine échouée dans la vie, ça faisait comme un gros édredon autour de mon âme, tout ce qui se passait à la surface de ma peau ne pouvait m'atteindre le noyau. Ma mère dormait le plus clair de son temps, elle gardait la chambre volets clos et s'enfermait dedans de longs jours, on lui apportait des tisanes et des bols de soupe, parfois Vivien lui lisait une histoire, on ne savait pas ce qu'elle avait. Avec le revenu des huit ou neuf appartements possédés et qu'elle louait, nous avions un excellent niveau de vie, sinon Vivien ne serait pas resté avec nous aussi longtemps. D'ailleurs quand elle est morte, du jour au lendemain il s'est volatilisé. Il faut dire que pour ma part je n'avais aucun revenu, il s'est avéré que ma mère avait tout légué à d'autres. Elle trimbalait des souvenirs d'avant moi, car elle n'était pas jeune, mais jamais elle ne m'en avait dit mot. C'était drôle, cette vie sans racines, sans précédent, comme si on était sorties du néant toutes les deux. Ça ne m'étonnait pas parce que je n'avais jamais connu que ça. J'ai fouillé un peu ses affaires après sa mort, j'ai découvert des photos de mon père, et puis aussi des albums d'une autre famille, avant, il y avait eu un autre père et trois enfants, j'ai appris qu'elle se les était fait retirer, il était gendarme, un gradé, elle le trompait avec un truand, ça avait fait scandale et elle avait été déchue de ses droits parentaux. Un an plus tard le truand s'est fait tuer en prison, elle l'attendait, après elle n'a plus rien attendu. C'est à ses premiers enfants qu'elle a tout légué.

Je crois que ma mère m'aimait bien quand même, mais elle n'avait plus la force, quand je suis arrivée elle était déjà au bout de sa vie.

J'étais mal en point à tout point de vue quand je me suis retrouvée seule. J'avais dix-sept ans, je venais de me faire doublement abandonner, je souffrais d'une obésité si sévère que j'avais du mal à me déplacer et à respirer. Je ne sais pas comment le déclic s'est fait dans ma tête, mais je me suis investie à mort dans les études et j'ai perdu trente kilos. Je suis devenue assistante sociale, on cherche toujours à se réparer en réparant les autres, ça je l'ai compris en voyant le nombre de gueules cassées de la vie dans ce métier. Je suis toujours grosse, mais vous ne m'avez pas connue avant. Avant c'était pathologique. Ma psy m'a très bien expliqué ça. Maintenant c'est plutôt ma nature, j'ai une forte ossature, je ne suis pas faite pour être maigre. Mais je marche beaucoup, je prends le métro, je fais du vélo, je suis tonique, et les malheureux dont je m'occupe sont toute ma vie. Vous savez, je suis mariée, mais je ne peux pas avoir d'enfant. D'une certaine façon ce sont eux mes enfants, tous ces pauvres gens qui sont venus des quatre coins du monde pour changer de misère. C'est terrible ce qu'ils ont vécu, qu'ils soient arrivés ici récemment ou qu'ils soient nés d'exilés. Ici enfin ils tiennent la Terre promise, mais elle est compliquée, cette Terre promise, pour eux. Ils n'ont pas nos logiques, pas toujours les mêmes priorités, ça s'apprend de vivre dans un pays développé. J'ai de tout, des familles, des mineurs à la rue, des mères isolées. Avec mon parcours et ce que j'ai vécu avec ma mère, ce sont elles qui me touchent le plus. Elles se battent comme des lionnes pour leurs enfants, mais souvent de travers, elle ne savent pas s'y prendre. Je leur fais avoir toutes les aides auxquelles elles peuvent prétendre, des fois je triche un peu, j'élude des trucs dans leur dossier, mais c'est pour la bonne cause. J'essaie de leur faire comprendre ce qu'il faut faire et ne pas faire pour correspondre aux normes d'ici. Mais parfois on se décarcasse de tout son cœur et les gens disparaissent, du jour au lendemain ils sont partis on ne sait où. C'est très dur. J'avais une petite maman cap-verdienne toute jeune avec son gamin de douze ans, pas de dossier d'état civil. Elle était arrivée en France à six ou sept ans. J'essayais de lui faire avoir un permis de séjour mais c'était délicat, ses parents avaient disparu avec ses papiers d'origine, impossible de les retrouver, elle avait été placée assez tôt, de ça on avait la trace. Son petit était bien malade, mais ils avaient un sacré moral tous les deux. Des gens simples et francs. Le gosse était vraiment en situation préoccupante, elle s'en occupait un peu n'importe comment et n'arrivait pas à le suivre dans sa scolarité. Dans le quartier pourri où elle vivait les fréquentations étaient mauvaises, elle était en contact avec des personnes dangereuses. Pourtant, elle faisait tout son possible et moi je m'efforçais de les suivre pour ne pas avoir à les signaler. Quelques mois avant de se volatiliser ils avaient installé un furet femelle dans leur appartement, un furet ! Je ne sais pas comment ils l'avaient trouvé. Cette bestiole puait horriblement, en plus ils la laissaient en liberté. Elle n'était évidemment ni pucée, ni vaccinée, ni traitée, ils n'en avaient pas les moyens. Cette infection s'ajoutait à l'insalubrité du logement, qui bien sûr n'était pas de leur faute. Pour un enfant asthmatique comme ce petit, c'était juste une mise en danger de la vie d'autrui, j'ai essayé de l'expliquer à la mère. Oh elle ne le niait pas, mais elle traînait des pieds, elle disait que le gosse s'y était attaché, qu'elle était précieuse pour lui. Je comprenais bien son point de vue, c'est important les animaux pour les enfants. Mais un furet ! Sans rien dire, j'avais réservé un chaton dans une portée de la chatte d'un collègue, pour lui. Mais ils ont disparu et je vais être obligée de le prendre pour moi. Avec mon mari qui est allergique !

2 - Marco

Si on s'en est sortis, je peux le dire même si personne me croira, c'est grâce à Zazou. Maintenant, ma mère ne peut rien faire d'autre que la garder. Avant, je négociais ça au jour le jour, c'était jamais gagné. Elle accuse Zazou des pires maux : de puer, d'être sale, de fureter partout, de se cacher pour lui faire peur. Elle me dit qu'elle n'ose plus inviter ses amis à boire un coup depuis que Zazou habite avec nous. Tant que ses amis s'invitent tout seuls à boire un coup tous les jours que Dieu fait, je ne vois pas ce que ça change à sa vie.

Ma mère est une très jolie fille. On ne dirait pas que c'est une mère. Je comprends que ses amis aient du mal à enregistrer cette donnée : il y a un gosse à la maison. Depuis que mon papa est parti au Portugal avec une autre femme, aucun ne m'ébouriffe les cheveux en disant « Sacré Marco, mais qui t'a appris à faire les divisions ? » Personne ne me taquine avec la preuve par neuf. Oh, ils ne sont pas méchants. Ils m'envoient acheter des cigarettes, des cartes téléphoniques, livrer des petits paquets. Ils ont toujours une raison de m'envoyer dehors, je vois bien que je les dérange.

Je crois aussi qu'ils sont encore plus nuls que moi en maths.

Jorge était un crack. Et il savait bien, lui, que ma mère était une mère. Il le lui répétait tout le temps : « Luiza, tu es une mère, pense à ton fils. Qu'est-ce qu'il va devenir si tu te fais arrêter ? »

Pour finir, c'est lui qui s'est fait arrêter. Quand ils l'ont libéré, il s'est enfui avant d'être expulsé. Il est allé rejoindre sa femme à Lisbonne. C'est plus facile là-bas pour les Cap-Verdiens, il paraît. Mais Maman n'a pas voulu le suivre. Et moi j'adore Jorge, c'est le meilleur de tous les papas que j'ai eus. Mais pour le suivre, il aurait fallu se débarrasser de Zazou, et alors, qui nous aurait sauvés ?

Zazou, c'est la seule personne que je puisse sentir au monde. Je suis anosmique, un aveugle du nez. Cette chaude et puissante lumière qui me réchauffe les narines quand je la tiens entre mes mains, quand elle est couchée sur ma poitrine, comment m'en passer maintenant que je sais qu'elle existe ? Il paraît que certaines personnes font opérer leurs furets pour qu'ils cessent de puer. Les gens sont fous. Ils n'ont qu'à amputer les cordes vocales de leurs canaris. Avoir des chiens sans queue, des chats sans moustaches, des poissons rouges sans nageoires.

Je n'ai pas que des problèmes d'anosmie. Je souffre aussi du haut mal, comme disait Jorge. Il me disait aussi que ça passerait sans doute avec l'adolescence, et je le crois : mes crises sont de plus en plus courtes et espacées. Et je suis asthmatique. Avec moi, la nature n'a pas mégoté.

Un jour, je me suis réveillé et Maman était penchée sur mon lit, en lunettes noires, avec un de ces sourires qui veulent dire « méchant grain cette nuit. Mais la barcasse a tenu le coup ». Je lui ai enlevé ses lunettes et elle avait deux coquards, et une écorchure sur l'arête du nez, très enflée. Ça, ça m'a fait vraiment peur. Parfois, les amis de Maman sont un peu fous. Mais elle m'a embrassé tendrement et m'a fredonné :

– P'tit voyou, t'as tapé Maman. Mais elle t'en veut pas, elle sait qu'tu l'as pas fait exprès.

Et elle m'a raconté. J'avais eu une crise la veille au soir. Quand elle a essayé de m'allonger sur son lit, mon torse a pivoté et mon bras gauche est parti à toute volée vers son visage.

En fait, je lui ai cassé le nez.

Ça, c'était la goutte d'eau. J'avais frappé ma mère. Même si j'avais pas fait exprès, c'était trop dur. Quand elle m'a eu, elle était à peine plus vieille que moi. Jamais elle m'a laissé tomber, jamais elle a été tentée de me confier à quelqu'un. Pas facile pourtant, à quinze ans, d'avoir un môme sans odorat qui passe la moitié de son temps à court-circuiter et l'autre à s'étouffer. Finalement, elle m'a dit : « Arrête ton char, si j'avais su qu'tu l'prendrais au tragique, j't'aurais dit qu'c'était un d'mes amis, mais on en est où pour s'mentir, toi et moi ? »

Du coup, j'ai arrêté aussi sec. Mais rien que d'y repenser, ça me pince, là, dans la poitrine.

Mes crises font peur à tout le monde. Maintenant, je les sens venir. J'ai le temps de m'allonger dans un petit coin tranquille. Quand c'est à la maison, je dis à Zazou : « Va te planquer, ça dure pas longtemps ».

Et quand je reviens à moi, après ce coma qui me bouffe les jours de la semaine et mes souvenirs les plus récents, la lumière m'entre dans les narines, chaude, puissante…

Elle dort sur ma poitrine. Elle est en écharpe autour de mon cou. Je sens son petit cœur sauvage gambiller derrière un rêve de chasse.

Jorge était le meilleur des papas, c'était quelqu'un d'important pour moi, quelqu'un de grand. Moi c'est pour ce petit bout de fourrure que je suis quelqu'un d'important, quelqu'un de grand. Je suis le Dieu des furets.

3 - Luiza

Ceux-là, j'les connais, j'les connais depuis qu'j'ai échappé aux pattes de Joaquim le Dingue pour tomber dans les leurs. Eux c'est pas du fric qu'ils veulent, en fait c'est eux qui m'en donnent. C'est ma peau qu'ils veulent. J'comprends jamais c'qu'ils attendent de moi. Au moins y m'diraient : Luiza, ramène-nous dix keus pour ce soir, j'comprendrais. Quand on comprend, on peut dire non. Eux y m'disent : Luiza, cet enfant a besoin d'un soutien (y parlent de Marco), il doit pouvoir s'appuyer sur l'autorité d'un adulte. Faut dire, c'est pas leur faute, y connaissent que ça, l'autorité. Luiza, il faut qu'il fasse ses devoirs, tu vérifies son cahier de textes quand il rentre de l'école ? Bon Dieu, chuis pas la matonne de ce gamin, c'est qu'mon fils. Quand Jorge était là, il s'en occupait bien, il sait lire et tout, mais moi ? Marco sait c'qu'il a à faire dans la vie. Y s'convulse quand il a d'l'épilepsie, y s'étouffe quand il a d'l'asthme, y s'gratte quand il a d'l'eczéma, y respire sa furète de malheur quand il a un peu l'blues, et y m'câline quand moi j'ai l'blues. Ça fait douze ans qu'il est là et on respire encore tous les deux, j'vois pas c'que ces culs de plomb peuvent m'apprendre de plus sur la vie. Qu'est-c'qu'y z'en connaissent, de la vie, y connaissent que la leur, pas la mienne. C'est facile d'avoir des mômes quand on a du pognon, d'l'éducation, des papiers en règle et pas la moindre idée d'comment s'débrouillent les trois quarts des humains. C'est à croire qu'on est pas sur la même Terre et qu'on respire pas l'même air. L'assistante sociale, elle m'dit comment m'en sortir avec les trois p'tits sous qu'elle m'a fait avoir. Elle me parle comme si j'étais un môme qu'a pas la lumière à tous les étages, faut voir. Oh elle est super gentille, c'est juste qu'elle elle sait, et moi j'dois apprendre. Comme si on pouvait s'en sortir avec ses trois sous d'misère. Si elle savait comment j'gagne l'reste dont j'lui parle pas, ouh là là ! On peut pas s'priver d'tout tout l'temps. C'est ça qu'y nous apprennent à faire, à vivre le moins possible. Madame Beijo, vous avez faim ? La solution est simple, vous savez, c'est une question de discipline, il faut tout simplement faire un petit régime. Manger moins. Madame Beijo, votre fils a des petits problèmes de santé ? On peut pas le soigner comme il faudrait, il a trop de trucs, et puis c'est délicat, sans sécurité sociale. Il faut qu'il apprenne à vivre avec tout ça.

À un moment y'z'ont voulu m'l'enlever, mon Marco. Comme quoi j'étais pas capable de l'élever toute seule, parce que j'étais trop dans la misère. C'est leur solution, quand une famille a la tête sous l'eau, au lieu d'jeter un bon filet sur tout l'monde, y r'pêchent les enfants et y laissent couler les parents. Je vous jure, c'pays, ça fait des années qu'j'y vis, j'ai toujours pas compris comment y déraisonnent ici. L'aide sociale, c'est juste un truc pour nous compter et savoir où on est.

Avec la dernière nouveauté d'Marco, c'est la guerre ouverte. La Zazou est anti-hygiénique, pas moins. J'reconnais qu'elle pue comme un troupeau d'hyènes, elle chie partout, elle s'planque dans les manches des chemises, elle est toujours là où on l'attend pas. C'est p'tit, chez nous. Avant quand mes clients venaient fallait juste que j'me débarrasse de Marco le temps d'gagner not'vie, mais alors maint'nant c'est quasi mission impossible. On la r'trouve dans le lit en train d'roupiller, pis quand on lui fait peur elle lâche un truc d'un autre monde. Son odeur d'fourrure c'est fort, c'est vraiment fort, c'est cent pour cent musc, mais on peut pas dire… C'est une odeur de bête sauvage quoi, un truc qui réconforte aussi, comme l'odeur d'la laine prise dans les barbelés, quand j'étais gamine j'en faisais des p'tites boules que j'mettais dans mes poches. J'étais placée chez des paysans dans l'Cantal, et voilà comment on s'est perdus d'vue mes parents et moi, toujours la même histoire. Zazou sent un peu comme la laine brute. Mais si on la surprend, meu Deus dos ceus !

Elle nous gaze, y'a pas d'aut'mot, on n'a plus qu'à s'barrer dehors, une bombe sortie des tripes de Satan, ça s'décrit pas, faut l'avoir vécu pour savoir. Comme la faim, comme le froid, comme la peur, tout ça c'est qu'des mots jusqu'au moment où on apprend c'que ça veut dire. L'assistante sociale est comme ça, y'a des tas d'mots qui sont qu'des mots pour elle. Même si elle lit pas des masses, elle sait des choses qu'les mots qui les désignent, et c'est tout. Comment vous voulez lui expliquer ? C'est comme parler d'l'amour à quelqu'un qui l'a jamais connu, c'est pas la peine. Tant qu'à user ma salive, j'préfère coller des timbres ou sucer d'la glace.

Ouais, elle est infernale, la Zazou. Mais j'reconnais qu'elle nous a bien aidés à passer l'dernier hiver. Elle pue tellement qu'on a l'impression d'avoir chaud, d'être dans un terrier, rien qu'entre nous. Ça fait du bien, au fond. Et j'sais qu'Marco l'aime très fort.

Entre l'assistante sociale qui m'dit qu'y faut que j'me débarrasse de c'te bête, mes habitués qui font la tête et Marco qu'en a b'soin, ben j'hésite pas trop. Pour la forme je râle, qu'il ait pas l'impression qu'c'est gagné. Le problème, c'est qu'avec tout ça j'ai bien du mal à faire mon beurre, et qu'madame Espalion, l'assistante sociale, menace de nouveau de m'retirer mon fils. Parce que Zazou est insalubre, carrément, et qu'elle a l'impression qu'on fait pas d'efforts, qu'on joue pas l'jeu. Pas jouer l'jeu ! Toute ma vie c'est d'la roulette russe, du bonneteau, j'aimerais bien la voir à ma place. À ma place elle serait morte à la naissance, la mère Espalion.

Y'a deux solutions. Y faut qu'j'laisse tomber c't'appart, il est grillé. Et qu'j'aille chez mes pratiques, mais ça ça veut aussi dire qu'y faut qu'j'en change. Pas facile, c'est dur dans c'métier d'se faire une clientèle qui risque pas d'vous étrangler, qui essaie pas d'vous arnaquer, avec qui on peut s'faire respecter. Les trois quarts d'mes clients viennent me voir justement parc'qu'y z'ont des problèmes de respect, qu'y'a des trucs qu'y z'ont pas imprimés. C'est pour ça qu'j'm'étais fait un p'tit réseau d'hommes mariés. Mais ceux-là, d'une pas moyen d'aller chez eux, de deux quand y sentent le furet en rentrant à la maison, c'est crise de nerfs garantie. Parce que là, la douche, c'est peau de zébi, ça sert à rien.

Et puis faut qu'j'nous trouve un p'tit coin pour nous trois, Marco, Zazou et moi, qui s'ra qu'à nous, rien qu'à nous. J'vais mettre des cloisons étanches dans ma vie. Marco d'vient grand, d'toute façon j'y pensais d'puis longtemps. Pas la peine d'attendre le drame, qu'Marco comprenne comment j'gagne not'vie ou qu'un d'mes clients écrase Zazou en m'tombant d'sus un peu fort.

4 - Marco

D'abord, il faut que je vous explique. L'appartement où on vivait était super, mais on n'arrivait plus à y être tranquilles, parce que tout le monde avait son adresse. Je suis d'accord avec ma mère : les amis, c'est bien, mais on n'ose jamais leur faire de la peine en leur disant qu'on a tout simplement envie d'être un peu peinards de temps en temps. Dans la journée, c'était la mère Espalion. Celle-là, elle a le cœur sur la main et elle passe son temps à vous le pointer dessus comme un flingue, y'a de quoi devenir cardiaque. C'est sûr qu'elle veut bien faire, mais elle a pas inventé le fil à couper le beurre. Dans la vie, c'est ce qu'on dit, les choses sont bien partagées, les riches ont à bouffer et les pauvres ont faim, et pour la débrouille c'est pareil. Cette pauvre femme voudrait nous tirer de la merde où on est. Ça part d'un bon sentiment, le problème c'est qu'elle a pas la moindre idée des données du problème. C'est comme si elle voulait faire du calcul sans connaître les chiffres. Et alors si on lui disait qu'en fait, elle fait partie des données du problème, alors là, ça serait le clash. La vie de ma mère, c'est de faire du slalom entre les emmerdements. J'apprends avec elle, je suis à bonne école.

En dehors des heures de travail de la mère Espalion, y'a ses amis, qui parfois deviennent cinglés. J'ai bien compris qu'Maman les aidait à se défouler, mais parfois ils arrivent en mode turbo et ils ont tout simplement envie de la cogner pour se défouler. Alors là, c'est pas le deal, mais allez vous expliquer avec un type qui en veut à toutes les femmes de la Terre et en a justement une sous la main qui est là pour ça, encaisser sa rage. Il faut du doigté, mais des fois il faut aussi un schlass ou un fumant, pour appuyer vos arguments, sinon ils vous écoutent pas.

La mère Espalion c'est dans la journée, les amis c'est plutôt en fin d'après-midi ou le soir. Le moment où faudrait que je fasse mes devoirs, en fait. Ma mère me dit d'aller prendre l'air au square, et ses amis me filent des petites courses à faire. Mais j'aime de moins en moins la laisser toute seule avec eux. Elle aurait pu avoir une bonne vie, elle est pas épileptique, ni anosmique, ni asthmatique, et elle a pas d'eczéma. Mais je sais pas, elle a tiré un ticket pourri en prenant son premier bol d'air. Et j'y suis, sur ce ticket pourri, au marqueur rouge. Moi et mon père, le vrai, si on peut dire, celui-là, j'aimerais bien lui mettre la main dessus, mais y'a pas moyen d'en parler avec elle, je sais même pas s'il est vivant.

En fait, on n'est jamais tranquilles. Et je peux pas emmener Zazou au square, c'est plein de chats et de gosses.

C'est vous dire si j'étais heureux quand elle m'a dit qu'elle avait trouvé un autre logement plus grand, moins cher, et surtout que personne connaissait. J'ai demandé si le proprio avait quelque chose contre les animaux familiers, et ça l'a fait rigoler, M'man.

– Quoi, tu veux savoir s'il apprécie les putois ?

– Zazou est un furet, j'ai rectifié.

– Ouais ? Avec son masque de brigand, et ses pattes et sa queue réglisse ? Les furets, c'est blanc, elle a dit.

– Il existe des furets putoisés.

– C'est c'que j'dis. Elle, j'la class'rais dans les putois furetés.

– Bon, il est où, alors, c't'appart ? On déménage quand ?

Je savais que le propriétaire d'ici voulait récupérer sa thune, soi-disant qu'on lui aurait ruiné son gourbi et sa réputation, je me demande à quoi les deux ressemblaient avant nous. Alors j'ai pas été trop surpris quand ma mère a dit :

– Pourquoi pas maint'nant ?

Nos bagages ont été vite faits. Elle et moi, on a cette devise : voyager léger. C'est pour ça qu'on pèse trente et quarante-cinq kilos. On n'est pas très grands non plus, on fait la même taille : 1 mètre 55. On s'en fout, c'est la qualité qui compte.

Zazou pèse sept cents grammes et mesure quarante centimètres. En automne, elle est grasse comme un cochon.

Dans mon cabas en plastique j'ai mis mes affaires de classe, mes deux changes, ma brosse à dents, un bouquin de la bibliothèque que j'aime bien (Anne Fine, *Comment écrire comme un cochon*), mon oreiller, le baromètre…

– Ça fait partie du meublé, trésor.

– Ben, y'aura pas d'état des lieux, hein ?

Elle s'est retournée pour pas que je voie son sourire. J'ai bien vu qu'elle embarquait la pendule de la cuisine.

Par-dessus tout ça, j'ai calé mon oreiller, et sur mon oreiller, Zazou.

– C'est loin ? j'ai demandé.

– Un peu. Va falloir prendre le métro.

Oh là là ! Zazou dans le métro ? Franchement, j'en menais pas large. Si elle dormait, ça irait. Les furets dorment au moins dix-sept heures par jour. Mais si elle se sentait d'humeur vagabonde… C'est que les rames sont fermées à mort. Je me sentais comme quelqu'un qui va trimballer en loucedé une cargaison de boules puantes dans la cabine pressurisée d'un avion. On fait quoi si le colis est écrasé par accident ?

Ben on fait comme d'habitude. On avise, on improvise.

5 - Luiza

C'était pourtant pas la mer à boire, fallait juste passer de Malakoff à Saint-Ouen. La ligne 13 est la plus pourrie de Paris. Normal, d'une zone à l'autre, ils vont pas faire des miracles pour qu'la lie d'la Terre, j'veux dire monsieur tout l'monde qu'est pas né du bon côté du manche, puisse s'imaginer un'seconde qu'il est là pour l'plaisir. Quand on n'est pas compactés pire que des miettes de thon dans d'l'huile de coude, faut sans arrêt faire gaffe aux contrôleurs, aux vigiles et aux flics. Sans compter qu'les mômes s'y défendent en tirant les sacs à main, les portables et ce genre de trucs. J'craignais pas trop pour nos cabas en plastique et c'qu'y avait d'dans, mais j'avais peur qu'on tombe sur un os qui nous aurait d'mandé c'qu'on pouvait pas fournir, genre des papiers en règle ou un ticket d'métro. On a l'habitud'de s'faire natchave fissa fissa Marco et moi, l'truc c'est d'pas s'laisser surprendre, parc'qu'une fois qu'ils sont montés dans un'rame et qu'les portes se sont r'fermées, on est marrons, et c'jour-là j'avais vraiment aut'chose à penser. La copine du squatt m'attendrait pas jusqu'à la nuit, elle devait m'mettre en contact avec un gentil mimiche pour commencer not'nouvelle vie en douceur, mais avant d'y aller j'devais êt'sûre qu'Marco s'rait bien installé avec Zazou dans l'appart.

On allait s'enquiller dans l'premier wagon quand j'y ai vu Joaquim le Dingue assis sur une banquette du fond. Ça m'a fait comme quand j'avais pris une bourre avec la batterie du camion de Jorge. Au radar, j'ai chopé la main d'Marco qu'allait monter et j'ai continué à foncer têt'basse en priant tous mes foutus démons gardiens qu'y nous aperçoive pas. Il m'a semblé qu'il s'levait, j'ai cru voir le mouv'ment du coin d'l'œil, et au moment où la sonn'rie beuglait on a bondi l'gosse et moi dans l'wagon suivant. La porte a claqué et la rame a commencé à glisser vers l'tunnel. J'avais les g'noux qui jouaient des castagnettes. On aurait dit qu'les f'nêtres étaient dépolies par des filets d'flotte, mais c'était juste la peur qui m'essorait les châsses comme un torchon, et aussi quequ'chose de bien pire que la peur.

– Qu'est-c'qu'y a, M'man ? a d'mandé Marco en m'prenant la main.

Il avait posé son cabas entre ses jambes, j'voyais comme un pinceau noir émerger d'la taie d'son oreiller et j'ai pensé qu'j'voudrais bien m'réincarner en furet, si j'avais l'choix, la prochain'vie. Tout'mes vieilles cicatrices jouaient d'l'accordéon avec ma peau, y m'semblait prendr'de nouveau chaque coup d'lame, chaque coup d'pied, chaque coup d'poing, mais l'pire c'était que j'sentais par là-d'sus, comme un'couverture qui m'aurait douc'ment étouffée, chaque caresse et chaque putain d'baiser d'ce fou furieux. J'avais envie d'mourir comme on a envie d'vomir, si Marco avait pas été là, avait pas été, j'aurais gerbé une bonne fois pour toutes chaqu'moment d'ma chienne de vie, quand elle était qu'à moi et qu'j'en voulais plus, voulais plus, voulais plus. Et puis j'suis r'montée d'mon puits, j'me suis rapp'lée qu'ma vie était aussi cell'de Marco maint'nant, et qu'j'en disposais pas, comm'disait Jorge, qu'est l'seul mec d'ma connaissance à avoir jamais tort et à jamais non plus la ram'ner là-d'ssus. Dans cett'vie, après tout, y'avait aussi des Marcos et des Jorges, et mêm' des Zazous, ça valait l'coup d'encaisser des Joaquims et des mères Espalion. J'me suis ébrouée comme un chien qui sort d'la flotte et j'ai balancé mon plus beau sourire au gamin.

– Faudrait qu'on r'monte vers la tête du métro, j'lui ai dit. Y m'semble qu'à Saint-Ouen la sortie elle est plutôt par là-bas, inutile de perd'Zazou sur le quai. À la prochain'station on passe au wagon d'avant, OK?

Il a hoché la tête. C't'un brave gosse qu'attend toujours l'bon moment pour poser des questions. Mais j'ai vu qu'y s'massait la tempe et j'me suis dit non, merde non, pas ça, pas maint'nant. Ses yeux tremblaient pas entre ses paupières, pas encore, et j'ai pensé qu'peut-être on aurait le temps, mais quand l'sort est mal embouché pas moyen d'le remettre sur les bons rails. Y'avait plus qu'à rassembler tout mon courage, ma rage, tout ce dont j'pouvais disposer pour nous sortir d'la mouise une fois de plus. Et cette fois, c'était un steeple-chase, un vrai. Y pleuvait, l'terrain était lourd, j'aurais pas craché sur un coup d'fouet avant l'épreuve mais la vie est comme ça, elle vous prend toujours au dépourvu. J'ai entraîné Marco vers la porte du fond. Avec un peu d'chance il attendrait d'être dans l'wagon de tête pour convulser, avec un peu d'chance personne nous pourrirait à vouloir l'hospitaliser. Mais il nous faudrait plus d'chance qu'j'en ai eu depuis l'début d'ma vie pour que Joaquim le Dingue nous lâche s'il nous avait retapissés. Pourtant j'ai fait la seule chose que j'pouvais faire, j'ai fait comm'si y'avait un'chance qu'on s'en sorte cette fois. À cœur vaillant rien d'impossible à encaisser. À la station suivante, on est sortis comm'des fusées du wagon et on a cavalé vers la tête du train. Et là, d'une j'ai bien vu Joaquim entrer au moment où les portes s'refermaient dans le wagon juste avant l'nôtre, de deux on s'est écrasés Marco et moi sur une grosse dondon. On aurait pris un canapé trois places en pleine poire c'était pareil. Au moins on s'est pas fait mal mais on l'a faite basculer en arrière, ses jambons se sont relevés et elle portait un boxer où y'avait un billet de cent dollars imprimé. J'ai éclaté d'rire, les nerfs, j'en pleurais tell'ment ça m'paraissait drôle, puis j'ai vu qu'Marco était sérieux comme un huissier et qu'il essayait d'relever la grosse, alors en m'essuyant les yeux j'l'ai aidé. La baleine pesait bien son quintal, elle était rouge comme une écrevisse et c'est seul'ment quand on a réussi à l'asseoir qu'je l'ai r'connue. C'était la mère Espalion, pas moins. Y'a des jours où on f'rait mieux d'rester couché. Ell'm'a d'mandé : Marco va pas au collège aujourd'hui ? Et là il m'a fallu tout'ma présence d'esprit pour répondre du tac au tac si, mais j'l'emmène à l'hôpital pour son épilepsie, l'a fait trois crises cette nuit et j'ai peur qu'ça r'commence. Cette peau d'vache en kevlar m'a d'mandé vous descendez où ? Et là j'ai dit à Necker. Et la v'là qui fond comme un marchmallow et qui dit oh, pauvre petit, je vais vous accompagner. Moi j'voyais la queue d'Zazou qui dépassait d'la taie d'oreiller dans l'cabas d'Marco, et j'me d'mandais combien d'temps il faudrait à cet enfer sur pattes pour s'réveiller et nous griller tous les deux comme des cacahuètes auprès d'l'assistant'sociale. Marco a rabattu un côté d'son cabas sur ses p'tites affaires et j'me suis essuyé l'front. La rame est arrivée au plateau d'Vanves et j'ai attendu qu'le ciel nous tomb'sur la tête. La mère Espalion s'posait un peu là comme bouclier humain, mais j'connais Joaquim le Dingue, j'le connais comme un d'mes pires cauchemars et j'peux dire que là, même elle était pas à la hauteur.

6 - Anne Espalion

La dernière fois que j'ai vu ma petite famille cap-verdienne, Luiza Beijo et son fils Marco, c'était dans le métro, sur la ligne 13. Quand je le raconte ça ressemble à un film comique, avec les gens qui se rentrent dedans et s'étalent de tout leur long. C'est exactement ce qui m'est arrivé. Ils sont tout petits et maigres tous les deux, mais ils étaient très pressés de monter dans le wagon, le garçon n'était pas bien du tout, ça se voyait, et ils me sont rentrés dedans comme des missiles. Elle non plus n'allait pas bien, elle avait la peau toute grise. Elle a éclaté d'un rire hystérique quand elle m'a mis par terre, une réaction qui ne lui ressemblait pas, une véritable attaque de nerfs. En général elle est vive et même pleine d'humour et elle a la tête dure, mais là on aurait dit que tout lâchait. J'y ai beaucoup pensé depuis, à cette dernière rencontre. Je sais maintenant, je ne m'en suis pas rendue compte sur le coup, qu'ils étaient déjà en train de s'en aller. Ils avaient de gros cabas en plastique et probablement toutes leurs affaires dedans, ça ne m'a pas fait tilt, ou plutôt ça ne me l'a fait que quand il était trop tard. Moi si je déménageais il me faudrait un camion de cinquante mètres cubes et plusieurs voyages, mais eux ils ont toute leur vie dans deux sacs. J'ai vaguement remarqué que ça sentait mauvais, et sur le coup je n'ai évidemment pas pensé au furet, il y a tant de clochards dans le métro, mais il devait se trouver dans leurs bagages. Luiza m'a dit qu'elle emmenait le petit à Necker, qu'il avait eu plusieurs crises dans la nuit, et c'est vrai qu'il avait les yeux qui tremblaient et cette figure étrange qu'il a quand ça va venir, comme s'il était remodelé serré par un sculpteur invisible. Je l'ai vu ce petit malheureux en proie aux convulsions, je vous jure que c'est un spectacle qui fend le cœur.

Marco est épileptique mais en raison de la situation de sa mère c'est compliqué de lui faire avoir un traitement pris en charge, si bien qu'il n'est pas traité. Elle a juste des capsules de Vallium en cas de crise pour éviter qu'il se morde la langue ou convulse trop longtemps, mais je ne suis pas sûre qu'elle les utilise, elle n'aime pas faire de piqures et en plus ils ont pratiquement la même taille, toute seule il lui est difficile de l'immobiliser. Après quand il se relâche elle pense surtout à le changer et le nettoyer. Ils avaient une sale mine tous les deux, j'en ai le cœur qui se serre quand j'y repense. Les choses parfois se goupillent mal, ils auraient certainement eu besoin de mon aide ce jour-là, mais j'ai manqué de réactivité quand les contrôleurs m'ont interpellée. Au lieu de leur expliquer tout de suite, calmement, qu'il y avait des choses plus graves à régler, comme l'épilepsie d'un enfant, je me suis affolée et pendant quelques minutes la famille Beijo m'est sortie de l'esprit. Ça me fait froid dans le dos rétrospectivement, ils étaient en danger peut-être, et j'ai failli à ma mission. Ils sont partis vers Dieu sait quelle nuit sans que je puisse les arrêter ou les protéger. Les choses se sont passées si rapidement… en une fraction de seconde il a été trop tard. J'avais un rendez-vous chez une autre maman, mais à cause de tous ces empêchements j'ai dû l'annuler aussi. Celle-là elle vient de Tchétchénie, elle a deux enfants, elle vit en hôtel social depuis sept ans avec sa mère. Avoir des enfants en hôtel social ! Parfois les pauvres, ils sont vraiment inconscients. Bien sûr c'est très difficile de lui faire avoir un appartement correct, mais enfin elle a la vie devant elle maintenant que la guerre est loin ! Elle s'est mariée à dix-neuf ans, son mari ne peut pas vivre avec elle car l'hôtel social n'est pas mixte, les malheureux, ils se rajoutent toujours plus de complications. Maintenant il faudrait trouver un logement pérenne pour cinq personnes. Ils sont sur les listes bien sûr, mais elles sont immenses ces listes, de vrais gratte-ciels ! Parfois je suis complètement découragée, j'ai l'impression que ce que je fais ne sert à rien. Elle aussi, comme Luiza, elle a un fort caractère, et sa mère aussi. Je devais refaire son dossier Dalo, du coup j'ai dû le reporter, et j'ai tant de rendez-vous ! Il y a des gens qui dorment dans la rue, des jeunes mineurs, tous les jours il y en a plus, on n'arrive plus à les accueillir.

Luiza et le petit m'ont filé entre les pattes, les pauvres. Ce n'était décidément pas mon jour, et pas le leur non plus.

7 - Marco

Ça commence toujours de la même manière : comme si une grande main douce et très musclée me serrait la tête. Et puis ma bouche se remplit de serpents, ou ma langue éclate en bouquet de tentacules, comme les bras d'une pieuvre. Bien sûr, je sais qu'il ne se passe rien de tout ça. Dans ma tête, toute une toile de fils électriques devient phosphorescente. Le monde bouge, il se décale imperceptiblement, et je sais, sans bouger d'un poil, que je m'éloigne de lui, comme si je dérivais sur un bout de glace flottante qui s'est détaché de la banquise et s'en va vers le noir de la nuit polaire.

Je sais que ça ne va pas tarder. Quand je commence à avoir ce genre de sensations, il peut s'écouler quelques minutes, parfois une heure ou deux, avant que le hurlement de lumière blanche me déchire le crâne. Je savais bien que le moment était mal choisi, et je me suis mis à prier le diable et tous ses démons d'attendre qu'on soit arrivés pour m'empoigner les boyaux de la tête et me jeter par terre. Zazou dormait, à cette heure il n'y avait pas beaucoup de monde dans le métro qui pouvait nous nuire - à part la mère Espalion, mais je voyais à peu près comment la neutraliser. Non, ce qui m'inquiétait le plus, en dehors de ma frangine Epilepsie qui accordait ses instruments dans ma calebasse, c'était Maman. Je la sentais tendue, on aurait dit un chat qui doit traverser une rue pleine de bagnoles avec un pitbull au train et son pire ennemi sur le trottoir d'en face. Tout ce qui la rendait pétillante et rigolote d'un coup s'était figé en simple dureté, en vigilance, et je ne savais pas pourquoi. J'ai compris à la station suivante, quand les contrôleurs sont entrés. Pour ce genre de trucs, ma mère a un sixième sens. Ce qu'elle ne pouvait pas savoir, c'était que j'avais braqué le larfeuille de la grosse en la relevant, et que son pass Navigo se réchauffait dans mon caleçon.

On a pris nos sacs et on a reculé vers le fond du wagon, l'air de gens qui se rapprochent de la porte car ils descendent à la prochaine station. Les contrôleurs se sont avancés vers la mère Espalion et lui ont demandé son titre de transport. Elle n'avait pas reculé, elle, je dirais même au contraire, elle leur barrait la route, question de physique. C'est une femme qui a toujours la loi de son côté et ne demande qu'à prouver qu'elle n'a rien à se reprocher, de bonne foi. Malgré le tragique de la situation, il faut reconnaître que je bichais comme un pou. Ma mère, je le savais, comptait les secondes. Du plateau à la porte de Vanves, deux minutes. J'ai pris sa main dans la mienne et je l'ai serrée. Elle était glacée. Ça m'a fait peur, ma mère est une femme au sang chaud, rien d'un reptile. Si elle n'avait pas eu la peau noire, elle aurait été livide. Dans la lumière de ce putain de wagon, sa belle couleur chaude avait viré au gris.

– Ça va, M'man ? j'ai chuchoté.

Elle m'a répondu d'un pauvre sourire.

– Tant pis pour la grosse, fiston. Faut qu'on trace, on a la mort aux trousses. Tu crois qu'tu vas pouvoir tenir ?

– J'sais pas. Oui, j'pense.

– OK. On va s'tenter l'wagon suivant.

– C'est qui la mort ?

Elle a tourné les yeux vers la mère Espalion, qui s'épluchait tous les ourlets en glapissant qu'elle avait pourtant bien pris son portefeuille et que son pass Navigo était dedans. Comme elle était pur sucre et d'un âge certain, le contrôleur ne lui cherchait pas trop de poux dans la tête.

– Je vous jure mes grands dieux que je l'avais pris !

– Je vous crois madame, je vous crois. Il n'est pas monté de ces gamins roms, dans le wagon ? Vous savez qu'ils sont ficelle, les petits salauds. Une fois, ils ont réussi à me dérober un carnet à souche, vous vous rendez compte ? On se demande ce qu'ils font avec.

– Non, non, ahanait la grosse en s'épongeant

le front, rouge qu'elle l'avait de honte et de colère, à tel point qu'elle nous avait complètement oubliés. Il a dû tomber lorsque j'ai été renversée, tout à l'heure…

Ce souvenir pénible nous a remis recta dans ses listes. Elle nous a cherché des yeux, mais a commis l'erreur de faire un pas en avant, pas qui a posé sa pompe de gauche sur le pied droit du contrôleur. Au moment où la rame entrait dans la station Porte de Vanves, le type s'est brusquement énervé - il devait avoir les nougats en purée - et il a rattrapé l'assistante sociale par l'épaule, un peu rudement il faut le dire.

– Non madame, vous ne vous enfuyez pas !

Nous par contre, nous nous faisions la jaquette, et en beauté. On l'a juste entendue gueuler : mais bien sûr que non je ne m'enfuis pas ! Pourquoi m'enfuirais-je ?

M'man et moi on a remonté à toute blinde la rame vers la tête du train, et quand la sonnerie a retenti, on a attendu le dernier moment pour s'engouffrer dans le deuxième wagon. D'avoir cavalé comme des branques, on avait le cœur qui battait à cent à l'heure, et j'ai senti dans mon cabas en plastique un mouvement de boucle, et le musc de la sauvagerie m'est arrivé droit au cerveau sans passer par la case narines. Je suis devenu calme tout d'un coup, calme comme on dit qu'est l'œil des cyclones. Le bras de ma mère, contre le mien, a eu un brusque tressaillement, un éclat de diamant s'est enchâssé dans chacun de ses yeux quand elle les a écarquillés. La porte s'est refermée sur nous, je ne comprenais rien à ce qui se passait. Tout ce que je savais, c'était que Zazou était réveillée et probablement de mauvais poil, comme à chaque fois qu'on la tire en sursaut d'un de ses rêves de chasse. Et puis j'ai vu le mec à côté de moi. En fait, je l'ai senti avant de le voir.

Oui, je l'ai senti, mais sans percevoir son odeur. Il m'a semblé le reconnaître. Quelque chose de familier qui vous brasse la moelle au fond des os, l'essence de la peur aveugle, celle des cauchemars, celle qui vous assied dans votre plumard, en nage, à quatre heure du matin, quand tous les massacres de la rue depuis que l'homme égorge son prochain s'invitent dans votre sommeil sans crier gare. Et pourtant il n'avait rien d'extraordinaire, ce type. Il était même plutôt beau, avec ses yeux effilés de chat, ses traits fins, sa bouche figée sur un léger sourire. Il portait une barbichette et une moustache, il laissait ses cheveux se crêper dur et serré sur sa tête étroite, ç'aurait pu être n'importe lequel de nos cousin du Cap-Vert. Il m'a regardé avec une douceur qui m'a fait dresser le poil sur la nuque, j'aurais pas su dire pourquoi. Puis il a regardé Maman.

– Luiza, il a prononcé.

Sa voix était claire et chaleureuse, j'ai pensé qu'il aurait pu être un bon chanteur de coladeira. Sa voix faisait mentir tout ce que je venais de ressentir. J'ai levé les yeux vers ma mère, et j'ai compris que ma première impression avait été la bonne.

Elle n'avait plus peur. Ma mère redoute le danger jusqu'à ce qu'elle l'ait là, bien en face. Alors elle devient une panthère. Un sourire qui n'allait pas jusqu'à ses yeux lui a ouvert la bouche quand elle a dit d'une voix très calme :

– Ola, Joaquim. Dijkond m'ta spero'b !

(Salut Joaquim. Ça fait longtemps que je t'attends !)

8 - Luiza

Final'ment, fallait prend'ça comme une bonne nouvelle. Dans la vie, tous les croums qu'on laiss'moisir dans un tiroir vous pend'au nez, surtout pour moi qui en plus suis née avec l'ardois'de quinz'générations minimum. Ah ça j'peux dir'que j'les ai encore aux pieds, les chaînes, et j'me suis tapée l'voyage en négrier dans l'ventre d'ma pauv'mère, et si c'est pas dans la mine que j'descends tous les soirs, la mine des tripes de la tête des hommes, avec mon piolet et ma frontale, j'sais pas quel nom ça doit porter. Avoir la maffre à c'point, ça finit par avoir l'air d'un autre genre de baraka.

Au pied du mur on commence à pouvoir s'appuyer sur quequ'chose. Joaquim le Dingue, il avait pas tellement changé. Pas du tout, en fait. Mais il m'faisait plus peur. D'mon côté j'avais pas un centimètre de plus, just'l'impression d'avoir grandi. Il a dû s'en rend'compte, et avec son instinct de serpent il a juste cherché l'endroit où l'blindage était plus mince, par où y pouvait taper juste et fort, d'un coup, pour m'descendre. Sur moi l'a pas trouvé, alors son r'gard a dévissé d'ma pomme et s'est posé sur la bouille d'Marco, et j'ai senti toutes les lames d'tous ses couteaux m'fouiller l'ventre en mêm'temps. Deus ! C'que j'l'avais aimé, c'cinglé... Mais il en restait mêm'pas des traces de cendres. Il a eu son sourire à l'envers, çui qui voulait dire le contraire de c'que disent les sourires, et il a posé la main sur les cheveux d'mon gamin.

– Ali nhâ fidju, il a dit. Voilà mon fils.

Et moi j'ai vu trembler les paupières de Marco. Y'en avait plus pour longtemps, mais j'savais absolument pas quoi faire.

– Non, j'ai dit. Ali bo irmon.

La peau d'son visage est d'venue comme de la cire, ses yeux s'sont effilés jusqu'à d'venir deux fentes qui pinçaient la rage pour l'empêcher d'sortir. C'est pourtant vrai qu'c'était son frère. Mais l'Joaquim, y'a des mots qui feront jamais partie d'son vocabulaire.

J'm'y prenais comme y fallait pour le mettre d'mauvais poil. Qu'il pète un plomb et on s'rait p'têt tirés d'affaire. Enfin tirés d'ses pattes en tout cas. D'celles de tous les bons samaritains qui remplissaient c'foutu wagon, ça s'rait une autre paire de manches, mais à chaqu'minute suffit sa peine.

Et puis y'avait les contrôleurs aussi, qui devaient remonter la rame. C'est dire où j'en étais, pour espérer voir s'pointer des uniformes.

Joaquim le Dingue a pris la main d'mon Marco dans sa jolie main fine de tueur et il a essayé d'entraîner l'môme vers les banquettes. Là j'dois dire que le p'tit a assuré la classe, comm'd'habitude. Y s'est dégagé sans qu'son geste ait l'air de rejeter Joaquim, et il a dit :

– Attends, et nos sacs ?

Alors Joaquim a pris l'cabas en plastique de Marco par les anses et il l'a soulevé. Il a ressaisi la main d'Marco d'son autre main, j'ai ramassé mon sac et on s'est dirigés comme une vraie famille vers la banquette la plus proche. Là Joaquim a placé l'cabas d'Marco sur l'siège près d'la fenêtre, il s'est assis à côté, Marco en face de ses affaires et moi genoux à genoux avec ce dingue. Verrouillés, clic-clac.

Joaquim m'a pris les doigts dans ses mains, qu'étaient aussi douces et froides qu'avant. J'sais pas comment y s'est débrouillé pour que je voie le manche d'son surin à sa ceinture. Sa veste s'est entr'ouverte et j'l'ai reconnue sans la détailler, cette arme qu'était un éclat d'son âme, y me l'avait dit tant d'fois, la langue qu'il aurait voulue pour se battre si bien avec les mots qu'il aurait plus jamais eu besoin d'voir le sang.

J'regardais dans l'wagon, sans en avoir l'air. Qui pourrait nous donner un p'tit coup d'pouce ? Un bon coup d'main ?

– Je t'ai jamais oubliée depuis qu't'es partie, Luiza, a murmuré Joaquim.

– Moi non plus, j'ai répondu du tac au tac. Chaque fois que j'me vois toute nue dans une glace, j'en ai d'tes fákadas sur la peau pour me rappeler d'toi. On peut dire que j'suis paraphée.

Il a serré les dents. J'voyais bien qu'ça lui plaisait pas du tout, la tournure que prenait not'conversation. C'était pas comme ça du tout qu'il avait imaginé nos retrouvailles. L'pauvre Marco, j'sentais bien qu'il allait bientôt nous quitter, il arrivait plus à suivre. J'ai regardé vers la fenêtre, et un mouvement d'rien du tout m'a tiré l'œil dans l'cabas du p'tit.

Un très beau mouvement d'indépendance et d'mauvaise humeur, très élégant. Là j'dois dire que même Joaquim pouvait aller s'rhabiller, lui qu'est si jaloux d'ses gestes d'jaguar. J'suis revenue à sa figure de mort violente, j'devais avoir l'air toute joyeuse tout à coup parce qu'il a froncé l'nez et il a dit :

– Mais qu'est-ce qu'ils puent, dans c'pays !

Et il a regardé autour de lui, cherchant l'clodo qui dégageait une pareille odeur. J'me suis retenue d'rigoler, et j'ai échangé un clin d'œil avec Marco. Ça lui a pas plu, il est revenu à la charge.

– T'en as emporté, des choses, quand t'es partie, rapariga. J'en ai mis du temps, à m'refaire.

– Tu dois pas êt'bien refait. Avant, jamais t'aurais pris l'métro.

Cette fois il est devenu gris. Titille, Luiza, titille le serpent, qu'il crache tout son venin.

À vrai dire, la peur méchante, la suxt' me picotait la peau des bras, m'foutait des fourmis sous la langue, dans la nuque, ça revenait tout doucement avec le souvenir de certaines crises de colère qui m'avaient laissée autrefois sur l'carreau, repeinte en rouge. Joaquim avait la lame facile. C'était pas pour rien qu'on l'appelait le Dingue. Et dingue, il l'était bien assez pour se foutre des autres du wagon et nous chouriner en deux gestes juste avant la station suivante, comme ça, parce que la colère le rendait tout simplement aveugle à c'qui l'entourait.

Mais j'me rappelais aussi qu'il avait une peur bleue des p'tits animaux, des lézards, des souris, de tout c'qui rampe et s'cache dans les coins. Joaquim aimait pas les animaux, ni p'tits ni grands. Même en lui il aimait pas la bête. Y s'parfumait et s'rasait avec soin, y s'taillait la barbe et les moustaches tant qu'on les aurait dites dessinées sur son visage, et ses fringues avaient toujours l'air repassées sur lui. J'savais, moi, qu'y s'épilait comme une fille, lui qu'était pourtant pas bien velu. Et ses ch'veux, il les portait si serrés et laqués qu'on aurait dit un casque de plastique.

À Plaisance et Pernety, personne est descendu, quelques personnes sont montées. L'wagon commençait à être assez plein pour qu'y ait deux ou trois passagers debout et autant sur les strapontins. Joaquim m'lâchait pas les mains. Les contrôleurs devaient avoir laissé tomber, j'les voyais pas rappliquer. À Gaîté y'z'ont remonté l'quai et sont passés devant not'wagon. J'ai compris que de c'point d'vue, c'était mort. Y devaient avoir fait l'plein d'prunes, fallait pas compter sur eux pour nous tirer des griffes du Dingue.

Et bin c'était parfait. J'ai regardé Marco, y m'a regardée, on a tous les deux regardé l'cabas et Joaquim a encore froncé l'nez.

– On va descendre à Montparnasse, il a dit d'une voix douce. Tenez-vous prêts, l'gosse et toi.

– C'est pas là qu'on va, a réussi à articuler Marco.

Et la rame est entrée dans la station Montparnasse.

9 - Marco

Ça ne venait pas. Ça me pendait au plafond de la boîte crânienne, en pendeloques, mais ça ne venait pas. Une semoule froide comblait tous les creux de mes paupières, de mes gencives, de mes oreilles, et tout m'arrivait amorti et lointain, j'étais moi-même une rame mal éclairée remplie de n'importe qui en train de foncer dans un tunnel, mais ça ne venait pas. Je me suis dit que quelque chose me retenait au bord de cet éclair strident qui allait brusquement m'effacer, et je ne savais pas quoi. La peur de ma mère, peut-être, ou ce que ce type qui suait le poison avait dans la tête, ou la mauvaise humeur de Zazou. Le haut mal ne m'avait jamais jeté hors de moi en situation d'urgence. On aurait pu croire que ce serait un facteur aggravant, mais en fait non.

C'était un facteur distanciant.

Comme si les circonstances déroulaient toutes les boucles de mon cerveau pour en faire une guirlande de cinq cents mètres accrochée aux lampes, aux tubes, aux chapeaux et aux poignées des portes. Voilà, je finissais par remplir le wagon à moi tout seul. Mes paupières tremblaient et je sentais bien qu'un filet de bave commençait à me couler sur le menton, mais c'était tout. Détails mineurs, j'avais du mal à bouger et rester assis me demandait une vigilance particulière, comme si j'avais perdu mon centre de gravité ou qu'il jouait les filles de l'air avec mes neurones dispersés dans le wagon, mais j'étais parfaitement conscient.

Donc ce type, Joaquim, était mon père.

Ce type avait fait à ma mère toutes ces griffures blanches qu'elle avait sur sa belle peau chocolat. Il avait fait ça avec sa faka, son couteau. Et pourtant, malgré sa peur que je sentais passer à travers moi par la moiteur de son bras tout contre le mien, elle se tenait tête haute, le menton un peu relevé, avec son sourire d'ado qui cherche la merde.

J'avais toujours rêvé d'avoir un père. Des fois, je regardais les hommes dans la rue en me disant c'est peut-être celui-là, qui sait ? Mais à ce moment-là seulement j'ai compris que j'en avais un et un seul, pour toujours et à jamais, qu'il s'appelait Jorge et qu'il était au Portugal. Ce type en face de M'man, d'accord tout bien regardé il avait la même tête que moi, et un peu la même que M'man si on l'examinait bien, mais il était tellement rien que c'était même pas la peine d'y réfléchir.

Jorge était, resterait, le meilleur des Papas, celui que dans le métro ligne 13, Paris, à huit heures douze ce mardi 15 mai, station Montparnasse-Bienvenüe, j'ai choisi pour la vie.

Alors quand la rame s'est arrêtée et que les portes se sont ouvertes, j'ai tenté le tout pour le tout : j'ai fait semblant de me lever, d'attraper mon cabas pour suivre le malandr' qui m'avait déjà attrapé par le bras, et puis j'ai poussé un hurlement et je suis tombé de tout mon long par terre, en me convulsant.

J'ai pas fermé les yeux pour autant. Joaquim a sursauté et m'a lâché, il a eu un geste vers le manche à sa ceinture, mais M'man a repoussé le cabas sur le siège vers la fenêtre et a glapi :

– C'est rien ! C'est juste une crise d'épilepsie, ayez pas peur !

J'ai bien vu toutes les jambes s'écarter de moi en vitesse. Ils n'osaient même plus s'asseoir sur la banquette d'en face, parce que pour y aller, il aurait fallu me marcher dessus. Un homme a crié d'une voix de vieille femme :

– Y'a-t-il un médecin dans ce wagon ?

Mais sa question a été couverte par le bruit de la sirène, et les portes se sont refermées. Joaquim s'est rassis à sa place. Je lui ai jeté un coup d'œil, entre deux convulsions. Il avait l'air complètement dépassé et carrément très en rogne.

– C'est rien, gueulait M'man, qui m'avait mis en position latérale de sécurité, ça va passer.

Dans la rame, ça discutait ferme pour savoir ce qu'il fallait faire. Tous les regards convergeaient vers nous. J'ai encore eu deux ou trois spasmes, puis je me suis fait tout mou. Je faisais semblant de fermer les yeux.

– C'est fini, a fait M'man.

Elle est pas folle, ma mère. Elle me connaît comme le fond de sa poche. Par exemple, elle sait que mes crises, mes vraies crises, durent bien plus longtemps que ça. C'est elle qui me l'a dit : un quart d'heure, vingt minutes en général, des fois plus, rarement moins. La plus longue a duré un peu plus de trois quarts d'heure, c'est celle où je lui ai cassé le nez. Après ce haut fait d'arme, j'ai comaté plus de deux heures.

Et puis elle sait aussi, ma mère, que quand j'ai une crise je ne me contrôle plus du tout, tellement plus du tout que quand je me réveille, je suis dans d'autres habits que ceux que je portais avant de m'absenter. Elle me lave, Luiza, et elle me change, comme un tout p'tit moss', et elle me parfume malgré que je sente rien.

Ceci pour dire qu'elle a pas été dupe une seconde : cette fois-là ressemblait pas aux autres. Alors elle m'a blotti en face de mon cabas, sur la banquette, tout contre elle, dans ses bras, et elle m'a chuchoté dans les cheveux :

– Bô t'sinti dôr ? T'as mal ?

Parce qu'elle savait très bien que j'étais là et bien là, que je l'entendais parfaitement. Et moi j'ai pas répondu, je m'étais fait tout mou, une chiffe, mais j'ai hoché la tête contre sa joue et ça lui a suffi.

Frangine Épilepsie avait remis ça à plus tard, je peux pas dire que je me sentais bien, mais j'entendais mieux, et la pâte froide libérait mes mâchoires, mais j'avais une sacrée migraine. Je laissais mes paupières en fente très fine pour que mes yeux semblent fermés, mais j'en perdais pas une miette.

Au début les gens s'occupaient pas mal de nous, ils donnaient des conseils à ma mère ou lui faisaient de gentils sourires, comme si elle était devenue visible dans leur monde, tout d'un coup. À Duroc, pas mal sont descendus et les autres ont changé de place, mais on avait encore des petits coups d'œil de sympathie, des petits gestes d'attention.

On n'est pas descendus à l'hôpital des enfants malades, finalement. Mon géniteur était sur des charbons ardents, il avait pas l'habitude de ce genre de rapports avec les gens, ça se voyait comme le nez au milieu de la figure. La sollicitude, ça le faisait grincer des dents, mais il était pas en position pour expliquer sa vision personnelle du monde. Sans compter qu'un môme de douze ans dans les pommes à trimballer comme un panier de linge sale, ça compliquait ses projets d'enlèvement. Parce que ça je l'avais compris : il comptait bien remettre la main sur Luiza la belle, avec ou sans son fatras de cabas et de Marco. Maintenant que le hasard la lui avait rendue sur un plateau, il avait une ardoise de deux tomes à lui présenter, de quoi remplir le restant de nos deux vies.

À St-François-Xavier, puis Varenne, le reste de nos témoins est descendu, et tant d'autres sont montés qu'on a commencé à avoir des regards de travers, à cause de la place occupée par mon cabas, et de moi qui dormais sur l'épaule de ma mère, malgré ma jeunesse qui fait que j'aurais dû être debout et laisser s'asseoir les gros, les vieux, les infirmes civils, les mutilés de guerre et les femmes enceintes.

10 - Anne Espalion

Les contrôleurs ont fini par me coller une contredanse, malgré mes protestations. Ces gens sont vraiment nerveux, ils ne font pourtant pas le métier le plus difficile. Au début ils m'ont bien traitée, mais après il y en a un qui est devenu franchement grossier. Je lui ai marché sur le pied c'est vrai, et j'ai fait une véritable crise de panique une fois les Beijo sortis, en les suppliant d'arrêter le métro, juste le temps que je puisse m'occuper de cette petite famille dont j'avais la charge et qui avait besoin de moi, mais ils n'ont rien voulu savoir. On aurait dit que ma conscience professionnelle était une insulte personnelle. Quant à mon portefeuille, je me l'étais évidemment fait voler, je ne l'oublie jamais et je ne l'ai pas retrouvé. Il n'était pas par terre, nulle part. Une fois libérée avec mon papier à la station suivante, il ne me restait plus qu'à aller déclarer le vol au commissariat le plus proche et faire opposition à mes cartes bancaires. Au lieu de quoi je me suis assise sur un banc de la station Plaisance, la tête vide, et j'ai laissé passer trois rames avant de réagir. Il m'arrive d'avoir ce que j'appelle des passages en apnée dans le noir, je tombe un peu en panne, je m'accorde quelques minutes d'absence à moi-même, comme si j'avais de nouveau trente centimètres de graisse sous la peau pour m'isoler des grands froids de l'indifférence humaine. Je me suis dit bêtement que j'aurais bien aimé avoir une mère normale, et pourquoi pas un beau-père qui ne m'aurait pas fait prendre dès l'enfance mon corps en haine et en dégoût. Et puis je me suis dit qu'à quarante-sept ans je n'avais toujours pas réglé ça et ça m'a donné envie de pleurer. Est-ce que j'étais vraiment utile à quelque chose ? Vivien, que j'aurais pu aujourd'hui écraser comme une galette, aussi cruellement qu'il m'avait écrasée et modelée enfant, avait recommencé exactement la même histoire avec une autre mère dépressive et deux petites filles, elles étaient deux cette fois, invisibles aux humains, comme moi. Pourtant l'une d'elle avait trouvé le courage de parler et il se trouvait à présent derrière les barreaux pour vingt ans, au vu de la gravité des faits. La mère des petites s'était suicidée peu après. Au début de ma carrière je les suivais de famille d'accueil en famille d'accueil. C'est plus facile d'être deux, surtout des jumelles, on ne peut pas connaître la solitude. Elles n'ont jamais su qui j'étais. C'étaient des petites filles magiques, deux otaries aux mouvements fluides et au gros yeux tendres, noirs, qui n'avaient pas besoin de la parole pour se comprendre. Autour de moi les gens se pressaient comme des fourmis, sans se regarder et pourtant connectés entre eux. Seule moi me retrouvais sur le bas-côté, dans une zone invisible, comme depuis la nuit des temps. Je me déplace toujours avec du Xanax et j'ai décidé d'en prendre un, de toute façon la journée était foutue. Je ne sais pas ce qui m'a pris de vouloir voler au secours de l'humanité entière. On cherche toujours à réparer les autres pour se réparer soi-même, mais la vérité est qu'on n'y arrive pas et qu'on finit par ne plus voir les problèmes des autres qu'avec ses douleurs à soi. Une chose était sûre, la petite Luiza et le petit Marco n'avaient jamais eu de problème d'obésité. J'étais coincée dans ma viande meurtrie et dans ma laideur, et j'avais du mal à savoir de quoi ils avaient besoin au juste, eux qui étaient si maigres, si minuscules et si beaux - car ils étaient beaux et se ressemblaient comme deux gouttes d'eau, je la taquinais souvent en lui disant qu'elle l'avait fait toute seule, le Marco. Elle aimait beaucoup cette idée, le père du petit ne devait pas avoir été un tendre.

Ils manquaient cruellement d'argent. Je n'ai jamais manqué de rien au niveau matériel mais j'ai manqué de tout par ailleurs, si bien que j'ai tendance à considérer les plaies d'argent comme négligeables. Alors, bien calée sur mon banc de la station Plaisance, j'ai essayé de m'imaginer vivre avec beaucoup d'amour et de connivence d'un proche - cette mère-là et cet enfant-là s'adoraient et s'entendaient comme personne - et très peu d'argent. L'argent dont elle disposait, six cents euros par mois. Pour l'amour j'ai eu du mal à me l'imaginer, difficile de se mettre dans un personnage qu'on n'a jamais incarné, quelqu'un d'aimé, quelqu'un d'aimant. J'ai cherché des pistes, je me suis représenté les choses sous la forme de chaleur, de couleurs solaires, d'odeurs réconfortantes, de sons de contrebasses et de violoncelles, de pyjamas en polaire, de gros édredons et de chats aux formes rondes, de petits chiens ridicules éperdus d'affection. Ça ne venait pas. Je me suis vraiment concentrée. J'ai pensé à mon mari mais là j'étais complètement hors sujet. J'ai fait le vide en moi. C'était quoi aimer ? Que faisaient Luiza et Marco ? Ils se regardaient avec tendresse et complicité. Ils veillaient l'un sur l'autre. Ils s'intéressaient l'un à l'autre. Je me suis rappelée la résistance de Luiza au furet au début, quand Marco l'avait ramené. Ensuite elle a vu que cet animal était vraiment important pour lui et elle a accepté de le garder. Elle s'y est même attaché, par un effort de volonté. Mais moi, qui m'avait aimée ? Personne. Qui avais-je aimé ?

Les deux petites filles sont sorties du brouillard de ma mémoire et je me suis sentie psychiquement réchauffée. Elles étaient grosses elles aussi, pataudes et gracieuses, laides avec un physique émouvant, doux. Mes otaries, je les appelais comme ça quand je les suivais. Oh là là j'ai pensé, mais quel âge elles ont aujourd'hui ? Ça fait si longtemps, c'était une autre vie. J'ai compté sur mes doigts.

Elles ont vingt-cinq ans. Un monsieur m'a regardé comme si j'étais un peu folle. J'avais parlé à voix haute. Je me suis enfin levée. Voilà pour l'amour, j'ai encore dit, et le monsieur s'est carapaté à toute vitesse. Je ne retrouverais pas Marco et Luiza, mais je pouvais toujours essayer de comprendre ce qu'ils auraient voulu, eux, recevoir de moi, non ce que j'étais prête à leur fournir. Alors, ayant plus ou moins situé l'amour, je me suis mise à la recherche de l'argent, ou plutôt du manque d'argent. Et tout en montant les escaliers pour déboucher sur le square, je commençais à calculer comment je ferais, personnellement, pour m'en tirer avec six cents euros par mois. Je calculais méthodiquement ce que je dépensais pour la nourriture, l'électricité, l'eau, les abonnements, le loyer, le pass Navigo, et jusqu'où je pouvais diminuer les frais sans que certains postes indispensables disparaissent.

Je me suis installée sur un banc au square pour résister à la sensation d'asphyxie qui m'envahissait et j'ai recommencé mes calculs. Luiza touchait des aides, ce qui n'était pas mon cas. Mais même avec mes aides son pécule était siphonné avant d'arriver à la question de la nourriture. Sans compter que Marco avait besoin de vêtements et changeait assez vite de pointure, comme tous les enfants de son âge. Comment se chauffaient-ils déjà ? Je l'avais un peu tancée parce qu'elle ne laissait pas la chaudière allumée tout le temps. Les radiateurs étaient froids, elle n'allumait que pour avoir de l'eau chaude quand Marco ou elle se douchait. Certaines personnes font attention à ce que consomme un brûleur. À ce que coûte une boîte d'allumettes.

Le Xanax commençait à faire son effet, je me détendais enfin. Bon Dieu, j'ai pensé, ils sont pauvres. C'est ça être pauvre. Et ce qui leur manquait épouvantablement, c'était de l'argent. À la même seconde je me suis rendue compte que Luiza ne pouvait pas se débrouiller uniquement avec les aides que je lui faisais avoir. C'était juste impossible. Pas avec les médicaments de Marco, pas avec les chaussures dont il avait besoin, pas avec ses fournitures scolaires et sa tenue de sport, pas avec le loyer de ce marchand de sommeil. C'était tout simplement impossible. Et je me suis demandée comment elle gagnait ce qui lui manquait pour vivre après le passage de mes aides. Ça, elle ne m'en avait jamais parlé.

11 - Luiza

– Réveille-le, a chuchoté Joaquim le Dingue entre ses dents serrées. On descend à la station suivante.

Il allait m'la faire combien d'fois, celle-là ? Maintenant l'couloir était farci d'gens qui nous mataient comme si on avait commis un crime en leur cédant pas la place. J'me suis penchée et j'lui ai murmuré :

– Tu comprends pas, bzuk. Y dort pas, l'est dans l'coma. Va falloir l'porter, si tu veux qu'on s'lève.

Cette expression là, sur sa figure, Deus ! J'la connaissais bien, et alors ? Et après ? Dans mon cou, la tête bouillante d'mon Marco était comme une pile qui m'envoyait d'l'énergie venue tout droit du ventre du soleil.

– Qu'est-c'que tu veux faire ? Tu crois qu'tu vas pouvoir matá droit devant toi, dans c'wagon, comme si t'étais dans ta rue ?

J'parlais pas fort, et personne m'écoutait, à part Marco bien sûr. Le dingue a appuyé son front contre le mien pour qu'je perde pas une miette de sa rage, si fort qu'ça m'a fait mal, et la tête du gosse a glissé sur mon épaule et j'ai eu peur qu'y s'dévoile, mais l'est pas fou, lui.

– J'fais c'que j'veux, où j'veux, féma. S'y m'prend l'envie d'te couper l'nez et les oreilles j'le fais, là, ici, tout d'suite, et personne aura l'temps d'm'en empêcher. Personne, ni Diable ni homme, tu m'comprends ?

J'ai rien répondu, il attendait pas que j'donne mon avis là-d'ssus. Mais à Invalides, où on arrivait, l'a pas fait mine de s'lever. La sueur, d'un coup, m'glaçait le front et les joues, m'gelait la nuque et les bras. J'commençais à puer comme une truie qu'on va saigner. Elle est vilaine, l'odeur d'la peur. Elle sent déjà la mort. Ça, ça l'a fait reculer. J'ai tourné la tête pendant qu'les gens s'entassaient en rouspétant, et j'ai vu une p'tite bouille d'bandit masqué s'pointer par l'ouverture du cabas d'Marco.

Elle avait l'œil bien rond, brillant d'malice. Mais c'qu'elle a vu a pas dû lui plaire, tous ces gens, ce brouhaha, Zazou est une femme qui aime le calme autour d'elle vu qu'elle est un nerf à fourrure. Elle a replongé aussi sec, au moment où Joaquim, s'étant décollé d'mon front, a suivi mon regard. L'blanc d'ses yeux était rouge sang, c'est seulement à c'moment que j'l'ai remarqué.

– Bon Dieu, mais qu'est-c'qu'y trimballe là d'dans, ton gosse, pour qu'ça chaouate comme ça, c'est pire qu'une charogne !

J'ai pas répondu. Fallait pas qu'y regarde, pas avec cette lame à sa ceinture et son horreur des bitxis, c'était tout simplement pas possib', fallait faire diversion. Alors j'ai donné un grand coup d'talon sur le pied d'une grosse dame qui m'flanquait son ventre dans l'épaule, et j'ai crié :

– Pardon !

– Ah ! elle a rugi, mais vous pourriez faire attention tout de même ! Déjà que vous prenez toutes les places !

– Mon p'tit est malade, j'ai répliqué, j'l'emmène chez l'médecin.

– Mais tous ces sacs, là, ils ont besoin d'être sur des sièges ? J'ai une phlébite avec des ulcères et je reste debout, vous trouvez ça normal ?

Là j'ai fait mine d'charger mon Marco dans mes bras et d'me lever, mais Joaquim m'a fait rasseoir d'un coup. Il tremblait d'rage. J'aurais été la grosse, j'y aurais regardé à deux fois avant d'la ramener.

– Da'l na rad ! il a sifflé, dégage ! Tu veux que j'm'en occupe, de tes varices ? L'é doente, faut t'faire un dessin ? On touche pas à mon fils !

J'avais beau savoir qu'il était dingue, là y mettait tellement le paquet qu'on aurait dit un zombi sur l'point d'avaler un vivant tout cru, c'était un film d'horreur sur pattes. Joaquim est comme ça, aucune mesure, en rien. Il est plutôt beau gosse, comme son fils, mais l'a l'air tellement d'avoir l'esprit arraché d'la tête qu'y vous fait l'effet d'un crapaud quand on marche dessus, dans ces moments-là. D'un serpent, d'un cadavre de vache, d'une rage de dents, qu'est-c'que j'sais, d'un truc vraiment monstrueux. La madame elle a remballé aussi sec sa phlébite, elle a ramé à contre-foule pour s'éloigner d'la grenade dégoupillée, ç'aurait été marrant à voir en d'aut'circonstances. Il l'a regardée s'éloigner et une veine fine battait en travers de son front, toute brillante de sueur. On aurait dit qu'on était laqués, l'Dingue et moi, lui de fureur, moi de trouille. Mais la vérité j'pense, c'est qu'j'avais beau être terrorisée, y m'aurait pas fait obéir. Ça, c'était fini depuis dix ans, ça faisait partie des choses que j'avais laissées derrière moi en lui faussant compagnie.

Et lui, l'avait beau être hors de lui, il en menait pas large, rien n'se passait comme il l'avait imaginé, avec moi en descente de lit et lui sur l'podium.

Comm'par hasard, la main d'Marco s'est trouvée sur la mienne. Comm'par hasard, ell'm'a serré les doigts l'temps d'un soupir. Et la rame est arrivée à Champs-Élysées-Clemenceau.

L'wagon s'est vidé d'moitié et rempli des deux tiers. C'était l'heure du chagrin. J'savais qu'après Saint-Lazare et dernier carat, la place Clich', on serait très seuls, seuls comm'des bêtes pour régler l'problème. On repartait vers la zone, celle où tout peut s'passer entre les punis d'la vie sans qu'ça dérange les gens au larfeuille bien portant. Joaquim, lui, s'éloignait d'son territoire et il aimait pas ça, mais il savait qu'sa lame aurait raison partout où un corps peut s'vider d'son sang en moins d'dix minutes.

Y regardait les passagers d'un air si dément qu'les gens s'sont écrasés vers les portes pour pas s'trouver dans notre travée, c'qui fait qu'on a pu respirer un peu. Et pendant qu'il les tenait comm'ça à distance, à la force des yeux, un joli manchon d'fourrure s'est coulé hors du cabas et fourré tout contre sa hanche. Avec le roulis du métro, Joaquim s'est rendu compte de rien.

La Zouze aime la chaleur. Comme toutes les bêtes d'son genre, m'a expliqué Marco, belettes, putois, fouines, visons, martres, elle saigne ses proies qui sont souvent plus grosses qu'elle. C'est le souvenir d'ses méthodes de chasse qui fait qu'elle aime bien fourrer son nez tout contre nos veines, les suivre comm'des pistes avec son p'tit museau pointu, sentir battre not'sang. Souvent elle s'endort en écharpe autour du cou d'Marco, l'nez sur sa jugulaire. À mon avis, pour elle, les veines d'Joaquim devaient faire un beau filet phosphorescent tellement il était énervé, de quoi lécher ses p'tites babines. J'ai eu peur, vraiment peur qu'le Dingue s'en aperçoive, j'veux dire trop tôt, avant qu'elle ait eu l'temps d'se placer. Tout contre mon épaule, l'corps de Marco pesait plus rien, l'était comm'moi, en suspension dans l'air. J'le sentais même plus respirer.

Miromesnil. L'remue-ménage des descentes et des montées est même pas arrivé jusqu'à nous. J'étais tellement tendue qu'j'ai eu l'impression d'entendre la sirène sonner sous l'eau. Les portes ont claqué, et la rame a commencé à glisser vers l'tunnel. La sueur me brûlait les yeux mais j'voulais pas risquer d'en perdre une miette.

12 - Marco

Je l'ai vue, ma Zazou, se glisser sous la jolie veste cintrée de ce fou, une anguille à fourrure. Elle est ailée dans ses mouvements, elle est plus légère qu'une fumée, elle remplit tous les creux, elle est liquide. Des fois on dirait qu'elle a pas de squelette. Mais son musc, lui, il ne rampait pas, Deus ! À chaque ondulation elle dégageait un nuage de fauverie, quelque chose d'épais et de sauvage qui écartait les murs et faisait trembler l'air.

J'observais le Dingue entre mes paupières presque fermées. Ce fou ne s'est rendu compte de rien, mais l'odeur était si violente d'un coup qu'il s'est littéralement décomposé. Zazou adore les manches, les dessous de chemise, tout ce qui ressemble à un tunnel, elle aime être serrée contre les corps, fourrager dans les plis. Elle vous oint de sa puanteur chaleureuse, elle épouse vos bosses et vos creux.

J'ai vu le moment – on était repartis dans le tunnel – où elle a dû trouver sa peau, où il a dû sentir soudain son museau frais et humide en même temps que ses griffes fines et ses minuscules coussinets, parce que d'un coup il a semblé pris dans l'ambre, comme si le film de sa vie était en panne, arrêt sur image, quand la lumière vacille et s'éteint le temps d'une seconde.

Il a brusquement baissé les yeux, et là je mens pas, il a vu son ventre bouger comme si un tentacule essayait de sortir de sa chemise. Pour n'importe qui ce genre de chose est de trop, il est difficile de réagir, mais ce type, précisément, tout ce qu'il lui manquait c'était d'avoir un peu de sang-froid. On n'est pas dans un film d'horreur, tout peut s'expliquer à condition de prendre le temps de la logique. Il se fait que Joaquim manquait de temps pour tout, il avait pas ça dans les gènes.

Oui, il a baissé les yeux et faut croire que cette insurrection de ses boyaux l'a carrément fait décoller pour une destination inconnue. Il a eu un râle, un vrai mugissement, l'air s'est bousculé dans sa gorge avec un bruit de siphon, il s'est soulevé de son siège comme s'il en était chassé par un éternuement du Diable sous ses fesses.

Ça, c'était pas le truc à faire. J'ai pas pu m'en empêcher, j'ai ouvert des yeux comme des soucoupes. Zazou a horreur d'être bousculée, ça la met hors d'elle, bien qu'elle soit la bonté même. Ma mère a perdu un de ses meilleurs amis à cause de sa mauvaise humeur. Dans ces circonstances, elle lève sa jolie queue et envoie un missile sol-sol-sol-air capable de mettre un régiment sur le ventre. Là y'a plus rien à négocier, si on n'a pas de scaphandre on est mort. C'est une odeur qu'est pas descriptible, ça ressemble à rien de vivant et à rien de mort non plus. Il paraît qu'on s'en sert pour fixer les parfums, dilué au un millionième. Pour ça, ça s'accroche, y'a plus qu'à jeter la literie, les boiseries et tout ce qui est poreux, impossible à ravoir.

M'man s'est mise à tousser et à pleurer, j'ai senti l'air se bloquer dans ma trachée. Pas moyen de respirer. Cette histoire sur les minutes qui durent des heures et les secondes des siècles, c'est vrai. Quand on s'asphyxie, l'agonie dure plusieurs éternités. J'ai vu au ralenti de mon étouffement Joaquim dégainer de sa ceinture un couteau long comme mon bras, j'ai vu la forme sinueuse de Zazou remonter vers son épaule sous sa chemise, elle filait sur l'aisselle, toutes griffes dehors. J'ai vu ce dément frapper et j'ai poussé un cri, et mon cri s'est dispersé dans celui de ma mère et dans les hurlements de la moitié du wagon. Les passagers ont reflué le plus loin possible de nous, ils se sont encastrés les uns dans les autres pour fuir l'odeur de Zazou et la folie de Joaquim. Le sang a noirci la chemise mauve du dingue mais il ne l'avait pas touchée, j'ai vu le bout de sa queue, elle était déjà enfilée dans sa manche et prête à riposter.

M'man, toussant et crachant toujours, a arraché le surin à la poitrine de ce fou qui bavait de terreur et saignait comme un pourceau, elle a fendu d'un coup sa manche, lâché le couteau, attrapé Zazou par la peau du cou et me l'a fourrée dans le col. Ma bestiole d'amour s'est immédiatement lovée dans le creux de mon aisselle, bien serrée sous mon tee-shirt. Deux personnes étaient tombées dans les pommes, la puanteur retombait, j'ai pris un bol d'air qui m'a râpé la gorge et j'ai vu arriver les lumières de la station Saint-Lazare.

– On s'trisse, a toussé M'man. Wagon de tête. T'es prêt ?

Un peu, que j'étais prêt. J'ai chopé mon cabas, elle le sien, on a marché sur deux ou trois personnes et on est sortis du wagon. Personne nous a regardés, parce que le dingue avait ramassé son couteau et qu'il hurlait en cap-verdien qu'il allait saigner la terre entière et après les anges du ciel et les démons de l'enfer et qu'on s'en tirerait pas comme ça.

Les gens derrière nous ont jailli du wagon et se sont affalés sur le quai les uns sur les autres en hurlant et la foule s'est un peu désorganisée, mais nous on a juste remonté la rame et on s'est installés tranquillement au fond du tout premier wagon, pas de place assise mais c'était pas grave. Ma mère a resserré les pans de sa veste et les a boutonnés, elle a enfoncé les mains dans ses poches pour cacher les éclaboussures de sang, il n'y en avait pas tant que ça. Nos cabas étaient posés entre nos jambes et j'ai mis ma main sur le dos de Zazou. Luiza s'est épongé le front avec sa manche et m'a balancé un sourire de derrière les fagots, celui que ses amis connaîtront jamais. Ce sourire-là, il voulait dire qu'on était pas seulement mère et fils, on était d'abord frère et sœur. Elle m'a serré contre elle et j'ai vu sur sa joue que les larmes se mélangeaient à la sueur, tant qu'il y a les deux on est vivant et ça suffit.

– No tá d'junt', elle a soupiré.

Et ça, y'a pas de mots en français pour le dire, le français est pas une langue de pauvres ni d'esclaves. Ça, ça veut juste dire : on est ensemble, et c'est comme l'amour et la faim dirait ma mère, c'est des mots dont on comprend vraiment le sens que quand on a connu ce qu'ils racontent, sinon ce ne sont que des enveloppes vides, comme pour tout le monde, un peu de vent entre les dents.

No tá d'junt.

Le métro est resté bloqué un petit moment, juste le temps qu'il a fallu à ma frangine Épilepsie pour se réinstaller entre mes mâchoires et mon front, je savais bien que ce n'était que partie remise. Elle est revenue en tourbillon, barbelée de petits copeaux de glace, avec une force multipliée, on aurait dit qu'elle m'en voulait de ce retard. J'ai quand même eu le temps de voir les gens courir d'un côté de la station puis de l'autre. Une voix féminine un peu crispée s'est excusée que la rame soit bloquée pour quelques instants par un incident voyageur. Ensuite les bleus ont rappliqué au petit trot, armés jusqu'aux dents. Dans notre wagon refermé - car la sirène nous avait tous bouclés comme dans un bocal - les gens grommelaient et s'interrogeaient sur ce retard.

– Qu'est-ce qui se passe encore ?

– C'est la ligne 13…

– Encore un suicide.

– Mais c'est quoi, cette odeur ?

Et là, des regards appuyés sur nous. M'man souriait, les yeux dans le vague.

– C'est malheureux… a dit une femme.

Au moment où tout le monde allait s'apitoyer, les flics sont repassés dans l'autre sens. Ils étaient cinq à tenir Joaquim le Dingue, pas moins. J'ai pensé ça c'est fait, M'man m'a serré contre son cœur et ma joue contre sa joue j'ai senti ses larmes, mais je comprenais toujours pas. Avant que j'aie eu le temps de lui poser une question la rame s'est ébranlée, elle a dit :

– J't'expliqu'rai…

Et c'est le dernier mot que j'ai entendu cette fois-là. Après, l'explosion de lumière blanche et les langues de foudre qui me léchaient les yeux…

Et le chant strident m'a fait exploser le crâne en autant d'éclats incandescents, je me suis dispersé aux quatre coins de l'univers.

13 - Anne Espalion

Je suis retournée voir la jeune maman tchétchène et j'ai si bien rempli son dossier Dalo qu'elle a obtenu un F3 dans un HBM près des Trois Tours à la Porte de Clignancourt. Je sais ce qu'on pense de la porte de Clignancourt, mais il vaut mieux être dans un immeuble en briques d'avant le béton, même si les logements sont tout petits, et chez soi, que dans un hôtel social qui coûte un bras à la collectivité et où les rats se nourrissent de cafards. Ils étaient fous de joie, ils ont obtenu facilement toutes les aides, après le siège de Grozny on en a accueilli énormément et ce n'étaient pas les permis de séjour les plus difficiles à avoir.

J'ai un peu recherché mes petits Cap-Verdiens, j'ai été à Necker, mais personne n'a pu me dire si le petit était passé aux urgences ce jour-là, je ne suis pas de la police, comme me l'a fait remarquer une infirmière exténuée. Et puis les Cap-Verdiens n'ont pas de problèmes particuliers, il y en a si peu, pas de guerre, aucune raison d'avoir des papiers. J'en vois bien d'autres qui arrivent de toutes les marges du monde, les enfants de ces ouvrières venues avec elles cueillir les fraises en Andalousie et qui ont passé tout seuls la frontière, et qui maintenant survivent en bande entre Château Rouge et Stalingrad, dévorés par le crack, avec tant d'autres arrivés aussi de tous les charniers commerciaux grâce auxquels on a des fraises hors saison et des habits toujours neufs et à la dernière mode. Avant je ne voyais pas l'argent, je ne voyais vraiment pas de quoi il s'agissait. Pour moi les grands problèmes des humains étaient des problèmes de violence, d'inconscience, d'injustice et de mauvaise éducation. Les gens étaient en friche ou au bout du rouleau et voilà, c'était la condition humaine, à laquelle on ne peut remédier que par des solutions personnelles et appropriées au cas de chacun. Et d'ailleurs je n'ai pas changé d'avis. Mais il y a autre chose, que je n'arrive pas bien à me représenter ou à m'expliquer. C'est comme si on était trop petits pour le voir parce qu'il s'agit de mouvements gigantesques, à l'échelle des plus hautes montagnes, des grands courants marins qui font le tour du monde, des ouragans qui se déplacent, oui, tous les humains sont piégés dans cet organisme monstrueux. L'argent se déplace comme un fluide rouge, il nécrose tous les endroits qu'il assèche en s'en retirant, il inonde et noie des contrées entières et les gens sont emportés comme des arbres arrachés à leur rivage. L'argent fait pousser des canons et des missiles, l'argent ouvre la Terre comme une grenade et il écrase et disperse sa chair rose, l'argent détruit tout. C'est une folie qui nous emporte tous, ceux qui parcourent des milliers de kilomètres le ventre vide et les pieds nus à sa recherche, ceux qui l'utilisent comme un napalm pour faire place nette autour d'un festin toujours en fuite vers l'horizon. Maintenant, ça, j'arrive à le voir un peu, ou à me le figurer. À mon niveau je sais maintenant qu'il ne s'agit pas seulement de mauvaises relations entre les gens, de traumatismes et de violence, bien que ce soient les seules choses que j'aie les moyens de traiter un peu. Il s'agit aussi d'argent, qui est comme un couteau, celui qui le tient peut le poser sur la gorge de celui qui ne l'a pas. Ce n'est pas seulement parce que j'étais moche, grosse et peu loquace que je n'ai pas été secourue enfant. C'est parce que ma mère en avait, de l'argent, et que n'importe quoi pouvait se passer dans son foyer sans que quiconque, assistante sociale comme moi, éducateur ou agent de la CAF, s'en inquiète, puisqu'elle n'avait pas besoin de les appeler au secours pour survivre. Il n'y a que les pauvres qui sont surveillés par la société, alors on a l'impression que toutes les horreurs ne se passent que chez eux, mais ce n'est pas vrai. Parfois j'aimerais bien aller mettre le nez dans une de ces familles aisées comme était la mienne, qui mettent leurs enfants dans de bonnes écoles, et dans les bonnes écoles on n'a pas le cœur de dire aux parents qui vous payent qu'ils devraient quand même traiter mieux leurs enfants. Ça ne se fait pas, à cause de la lame de l'argent. Il y a des milieux où je ne mettrai jamais les pieds, je le sais. Et moi je viens au secours des plus deshérités de la Terre, mais parfois quand je les vois je me dis que cette vitalité qu'ils ont, c'est dommage des fois qu'on ne puisse pas l'entendre à la radio, la voir sur les écrans, la lire dans les livres, parce que c'est ça la première chose qui arrive aux pauvres, la plus grande armée de la Terre : leurs visages sont effacés, leurs voix silenciées, leur philosophie, leur débrouillardise et leur rationalité piétinées. On envoie à leurs trousses de braves saints-bernards aveugles qui bousculent leurs maigres avoirs et les font tomber en essayant de les secourir. C'est moi, c'est toute mon histoire, bien faire. En le sachant je ferai mieux, je n'ai pas d'autre choix. Non parce qu'ils ont tant besoin de moi que ça, je les dépossède presque autant que je leur viens en aide, mais parce que je ne sais rien faire d'autre et que oui, je me répare comme ça, en me rendant utile, et que souvent je le suis aussi, vraiment.

J'espère que Luiza et Marco vont bien aujourd'hui.

14 - Luiza

J'ai qu'vingt-sept ans, après tout. J'pourrais dire que j'en ai mille et ça serait vrai aussi. J'suis qu'au début d'ma vie. Celle que j'commence maintenant, à Saint-Ouen, loin des assistantes sociales et des hommes mariés. J'ai effacé toutes mes ardoises en un jour. Parce qu'à cause de c'foutu voyage en métro, il a bien fallu que j'me déboutonne devant Marco.

On peut pas tricher et louvoyer tout l'temps, c'est pas un style de vie. Mon fils est capable de regarder la vérité en face. J'lui ai tout dit, il le fallait bien. L'plus dur, ça a pas été d'lui expliquer pour Joaquim le Dingue, comment j'l'ai rencontré encore gamine, comment j'ai su trop tard que c'était mon frangin d'sang, trop tard, qu'on avait père et mère en commun.

Non, finalement, ça c'était pas grand'chose, les aléas d'la vie.

L'plus dur, ç'a été d'lui expliquer pourquoi et comment j'l'avais tant aimé, le Dingue. Au fond dans l'amour, c'qui fait peur, c'est l'amour, pas l'homme. Au fur et à mesure que j'parlais j'comprenais mieux, des fois tout simplement l'amour est juste une forme de haine qu'on a contre soi, une envie d'se tuer qu'on trimballe, et qu'on essaie d'libérer par personne interposée... Pour ça le Dingue était un candidat hors concours. Il avait tout pour être aimé, tout pour détruire. Et moi j'arrivais pas à m'voir autrement que dans les yeux d'tous ceux qui m'avaient r'gardée jusque là, un p'tit truc de trop, pas d'la bonne couleur, pas du bon sexe. Qui pouvait avoir son utilité, oui, mais pas au point qu'on lui trouve une place rien qu'à elle dans l'cœur de quelqu'un.

Quand on t'voit pas, tu t'vois pas non plus, c'est c'que j'ai expliqué à Marco. La première fois qu'ses yeux ont accommodé sur moi, d'un seul coup j'ai eu l'épaisseur de tout l'besoin qu'il avait que j'sois quelqu'un d'bien. Y sont confiants, les yeux des bébés, y sont voraces. J'suis née l'jour où j't'ai mis au monde, j'lui ai dit, pas çui où j'suis sortie du ventre d'ma mère. Et maintenant, toi et moi, bientôt on coupera l'cordon, comm'des grands qu'on sera devenus, et on partira chacun d'son côté.

– Y'a pas le feu, il a dit. On finit d'élever Zazou, et on verra…

Puis j'lui ai parlé d'mes amis. Il avait un peu compris quand même, parce que ça l'a pas étonné. Il a été raide sur ce coup, il m'a dit qu'c'était fini-fini. Lui était assez doué pour vider les poches, y s'débrouillait, y pouvait trouver aut'chose, et moi aussi. Y m'a dit M'man, rappelle toi c'que disait P'pa (y parlait d'Jorge), c'est trop dangereux. T'as eu ton compte de règlements d'comptes avec la vie, et les mecs qu'ont besoin d'payer pour qu'on leur obéisse, c'est pas d'eux qu'viendra l'salut. En tout cas pas l'nôtre, à toi et moi. Tout ça c'est des histoires d'hommes entre hommes, ceux qui pissent le plus loin, ceux qui font les guerres, ceux qui sont loyaux entre eux dans leur Panzer, ceux qu'ont besoin qu'y'ait des faibles pour s'sentir forts. Fraternités d'chiens, nous on est des loups, ventre vide et pas d'collier, on piquera jamais leur pognon parce qu'on crache dessus. Y m'a dit mon fils, c'que tu leur vends a pas d'prix, alors que c'qu'y te donnent, c'est jamais qu'du papier. On n'achète rien avec ça. On n'achète que c'qu'y s'achète. Les seules choses qu'ont d'la valeur, y m'a dit, l'gamin, c'est celles qu'on peut pas acheter. La vie est trop courte pour s'tromper d'envies.

Deus meus dos ceus ! Et il a qu'douze ans ! Qu'est-c'que ça sera quand il en aura vingt ! J'aime mieux pas y penser.

Un truc le turlupinait quand même, à propos d'Joaquim. Pourquoi il était comme ça, le Dingue, mon grand frère ? Comment il avait pu m'faire tant d'mal ? Y'en avait beaucoup sur Terre, des hommes comm'lui ?

Des tas, j'lui ai dit, des régiments. Mais lui il les sème tous. Joaquim est né avec un grain, y fait pas semblant.

C'est un salaud, a dit l'môme, et dans sa bouche à lui qui juge jamais personne, c'était un mot plein de sang et de pus, une infection. Y t'a mis sur l'trottoir, t'étais qu'une gosse.

Mon cœur s'est serré, j'ai senti les larmes qui remontaient. Y'avait eu tant d'amour entre le Dingue et moi.

– Tu t'rappelles quand tu m'as cassé l'nez ? j'ai dit.

Marco est devenu tout p'tit, d'un coup, il a eu dix ans, cinq ans.

– Le Dingue, toute sa vie est une crise d'épilepsie, tu comprends ? Il imprime rien. Tout l'mal qu'y fait s'échappe de lui et c'est tout. Il a pas l'temps d'avoir des regrets ou d'savoir s'il est d'accord avec c'qu'y fait, de toute façon ça s'décide sans lui.

– Mais moi j'ai regretté, j'avais d'la peine, y m'a dit.

– Parc'que tu t'es réveillé. Joaquim y s'réveill'ra jamais.

Marco a hoché la tête. Ça il comprenait.

Il a regardé autour de lui et j'ai vu qu'l'appartement lui plaisait. Ça sentait déjà l'furet dans toutes les pièces. Ses yeux s'sont écarquillés et il a dit :

– T'as pas laissé un truc dans l'four ?

– Mes f'djoz' ! j'ai gueulé. Mes beignets d'banane ! J'les avais mis à réchauffer !

Y'avait d'la fumée plein la cuisine. C'est seulement après avoir sorti les charbons du four qu'j'ai compris c'qu'y venait d'se passer.

– Marco, j'ai dit, tu sens les odeurs maintenant ?

Il avait sa Zazou, notre héroïne, tout contre son visage, elle lui léchait les joues en poussant des p'tits gloussements. Il a souri et m'a fait un clin d'œil.

– J'ai grandi, il a dit. Pas toi ?

BIOGRAPHIE

À la fin d'une enfance et d'une adolescence difficiles, Laurence Biberfeld passe et obtient son baccalauréat en candidate libre. Elle passe le concours pour devenir institutrice. Elle quitte l'Éducation nationale en 1999 pour se consacrer à l'écriture. Son nomadisme éditorial l'a fait passer par de nombreuses maisons d'édition, dont la regrettée Au-delà du raisonnable. Elle fait escale, depuis quelques années, chez In8.

BIBLIOGRAPHIE

Romans

Panier de crabes, Éditions In8, 2021

Péter les boulons, Éditions In8, 2019

Le voyage de Medhi, Éditions Au-delà du raisonnable, 2018

Sous la neige, nos pas, Éditions Au-delà du raisonnable, 2015

Écoute les cloches, Éditions Au-delà du raisonnable, 2015

Il nous poussait des dents de loup, Éditions In8, Court-Circuit, 2015

Ce que vit le rouge-gorge, Éditions Au-delà du raisonnable, 2015

La Meute des honnêtes gens, Éditions Au-delà du raisonnable, 2014

Les Enfants de Lilith, Éditions Au-delà du raisonnable, 2013

Qu'ils s'en aillent tous !, Éditions Baleine, 2011

On ne badine pas avec les morts, Le Poulpe, 2009

La Bourse ou la vie, collection Mona Cabriole, 2009

Un chouette petit blot, Suite noire, 2008

La Vieille au grand chapeau, Série noire, 2005

Évasion rue Quincampoix, Noir urbain, 2004

Le Chien de Solférino, Série noire, 2004

La B.A. de Cardamone, Série noire, 2002

Autres ouvrages

Le plus vieux métier du monde… qu'ils disent, Éditions Libertaires, 2016

La Femme du soldat inconnu, Collection Féminisme, Antipatriarcat, etc…, Éditions Libertaires, 2014

Apprendre à désobéir, La Collection N'autre école, Éditions CNT, 2012

Le Roi du silence, le Bruit des autres, 2009

Achevé d'imprimer en UE
en août 2022
pour le compte des Éditions In8

Dépôt légal : septembre 2022